Olivier Nunge
Simonne Mortera

Bien vivre ici et maintenant

La force de l'instant présent

Préface de Paule Salomon

jouvence
EDITIONS

Des mêmes auteurs

Ouvrages

Développer le meilleur de soi-même,
Editions Jouvence 2000

Satisfaire son besoin de reconnaissance,
Editions Jouvence 1998

Etre autonome, Editions Jouvence 1998

Gérer ses émotions,
Editions Jouvence 1998

L'Analyse transactionnelle,
Editions Bernet 1996

Cassettes audio/CD

Editions Sonothèque Média

L'analyse transactionnelle pour mieux se connaître et mieux communiquer

Pourquoi laisser votre passé dicter votre avenir

Savoir écouter ses vrais besoins pour devenir autonomes

Savoir doser efficacement autorité, entente et négociation

Comment gérer ses émotions

Catalogue Jouvence gratuit sur simple demande.
Editions Jouvence
France: BP 7 - 74161 St Julien-en-Genevois cedex
Suisse: Case postale 184, 1233 Bernex/Genève, Suisse
Site internet : www.editions-jouvence.com
Email : info@editions-jouvence.com

Ouvrage composé en Adobe Garamond 11/13
Illustration de couverture : J. C. Marol
Maquette & mise en pages : atelier weidmann

ISBN 2-88353-148-X

Sommaire

Préface

Depuis quelques dizaines d'années, notre conception de la vie est en train de subtilement se transformer. Nous ne subissons plus le poids de notre passé, de notre éducation, de notre famille, nous ne sommes plus les esclaves de nos conditionnements, nous ne nous soumettons plus à la répétition de nos comportements d'échec, nous ne patinons plus dans l'insatisfaction, nous découvrons que nous pouvons devenir des éléments actifs de notre propre changement.

Venue des Etats-Unis, la psychologie humaniste nous a fourni depuis une cinquantaine d'année des outils qui s'affinent, se coordonnent et se réinventent dans les différents pays. Peu à peu il émerge de la pratique un profil humain en voie de libération progressive. Pouvons-nous espérer que la dure emprise de l'esclavage intérieur se desserre ?

En tous cas, la formulation porte un espoir sans précédent. Chacun est invité à passer du rôle de créature plus ou moins manipulée comme une marionnette au rôle de créateur de sa vie. Il s'agit toujours de guérir de son passé, de transformer ses blessures, de s'intéresser à soi, de s'affirmer, d'écouter ses sensations, ses sentiments, ses émotions, de se développer, de s'élever, autant d'étapes à mener conjointement et successivement avec amour et patience. La transformation se fait par prises de conscience, par intégration dans une pratique au quotidien, avec le secours des rencontres, des livres, des pensées et des cœurs.

Aujourd'hui, les séminaires se multiplient, les théories foisonnent, les méthodes s'additionnent, tradition et psychothérapie tentent de se compléter mais nous manquons d'une vision claire et coordonnée du chemin de développement. Que proposer à une personne qui décide de consacrer du temps et de l'argent à la connaissance de soi et au changement dans sa vie ? Il ne s'agit pas d'un luxe mais d'une nécessité pour faire face à la complexité du monde moderne. Tout se passe comme si nous vivions avec des structures encore archaïques notamment dans l'affectif et l'émotionnel et nous avons un certain nombre de choses à apprendre pour évoluer et sortir des ornières.

C'est dans le souci d'offrir une méthodologie de transformation que sept étapes sont ici proposées, sept principes et sept séries d'exercices qui mettent l'accent sur différents aspects de l'être. Les mots sont simples et portent leur poids de vécu : chacun pourra y trouver les balises d'un itinéraire décisif.

Paule Salomon

Auteur de plusieurs ouvrages aux Editions Albin Michel : *Corps vivant, La femme solaire* et *La sainte folie du couple,* les deux derniers titres ayant fait l'objet de cassettes audio éditées par Sonothèque-Média

Préambule

Notre propos, dans ce livre, n'est pas de donner des leçons, de faire des discours. Notre intention est plutôt d'apporter des informations, des connaissances, de la matière à réflexion, pour savoir conduire sa vie avec satisfaction.

Bien gérer sa vie suppose d'avoir élaboré des réponses aux questions de la vie. Bien sûr, vous avez déjà une bonne partie de ces réponses, sinon vous ne pourriez pas être ce que vous êtes aujourd'hui.

Nous vous proposons donc d'investir un peu de temps de découverte, d'ouverture, pour améliorer ce que vous faites et éventuellement mettre en place des changements pour adopter de meilleures stratégies de croissance.

□

Introduction

Chacun a pu faire l'expérience d'entreprises qui se sont soldées par des réussites et d'autres, par des échecs. Parfois nous réussissons, parfois nous échouons.

La question qui vient alors est:

— Pourquoi, alors que nous désirons profondément réussir, nous n'atteignons pas les objectifs visés et les résultats escomptés?

Ceci peut être vrai dans:

- nos relations qui se dégradent malgré nous;
- nos communications qui aboutissent à des malentendus, à des désaccords, à des conflits;
- nos projets: professionnels, familiaux, amoureux, qui se réalisent mal, ou pas du tout.

De plus, la conscience de ces difficultés s'accompagne souvent de sentiments: de culpabilité, de frustration, d'injustice, d'impuissance, de peurs, d'angoisses.

Devant ce constat, deux réactions sont possibles:

- En rester là, accepter cela comme un fait, une réalité inéluctable et considérer avec fatalisme et pessimisme que « c'est la vie » ;
- Prendre en compte notre pouvoir de changer, d'influer sur ces réalités qui ne nous conviennent pas, en nous ouvrant ainsi des perspectives optimistes, des horizons de vie dans la croissance.

Savoir que c'est possible, c'est à notre sens une bonne nouvelle. Mais bien sûr la question immédiate qui surgit derrière est : Comment faire ?

Pour éclairer cette question, nous allons vous proposer au travers d'un exemple, un petit regard en arrière afin de comprendre comment nous pouvons nous coincer dans notre vie présente.

Jacqueline, 38 ans, infirmière, a le projet de reprendre, sur son temps de loisir, une activité photo. C'est une activité qu'elle a pratiquée, il y a quelques années, avant de se marier, avant d'avoir des enfants. Elle lui procurait beaucoup de satisfaction car elle y réussissait bien.

Elle a commencé à entretenir le désir de faire quelque chose pour elle, quelque chose qui lui plaise, sans se donner les moyens de le réaliser. Finalement, à force de frustrations, elle décide de se lancer. Effectivement elle investit dans du matériel, dans l'aménagement d'un petit laboratoire. Cette étape est fastidieuse, car, pendant ces moments elle est souvent dérangée par ses enfants, par son mari qui, sous prétexte qu'elle est là, lui demandent un service.

Elle parvient tout de même à passer à l'étape suivante, où elle s'autorise quelques escapades à la campagne, munie de son appareil photo. Elle a le plaisir de saisir des scènes de la nature dont elle imagine avec satisfaction les résultats. Toutefois, ce plaisir est en partie saboté par les réflexions de ses proches, qui, de temps en temps, laissent tomber une remarque du style: « Que tu travailles ou que tu sois en congé c'est pareil, on ne te voit plus... ».

Jacqueline persévère dans son projet pendant quelques mois. Mais, ainsi au fil du temps, le plaisir qu'elle en retire, est entamé par les commentaires de son entourage, par sa culpabilité à ne plus être disponible à sa famille, comme elle devrait l'être. Elle en arrive même à penser qu'elle a fait des frais inutiles.

A ce stade là, elle ressent davantage son activité comme un échec que comme une réussite source de gratification et de valorisation. Elle continue d'ancrer cette expérience comme un échec, car, lorsqu'elle nous raconte son histoire elle conclut en disant d'un ton nostalgique:

« C'est vrai que c'est dommage, car je suis sûre que les photos qui sont dans cette bobine sont merveilleuses. Ce sont celles que j'ai prises dans le jardin sous la neige. Cela fait au moins trois mois, je ne les ai pas développées et je ne sais pas quand je le ferai ».

Quand nous analysons avec Jacqueline ce qui se passe pour elle, et comment elle en arrive à cet état de faits, elle prend conscience des messages qui s'imposent à elle. Quels sont ces messages ? Ces croyances ?

— La famille c'est sacré.

— Il faut se sacrifier pour les enfants.

— Les autres sont plus importants que moi.

— Pour être estimé il faut faire plaisir.

Ce sont des choses qu'elle avait comprises au fil de son histoire et surtout de son enfance.

Aînée d'une famille de 4 enfants, elle avait très tôt entendu des compliments sur sa manière de se comporter avec ses petits frères et sœurs :

— Sois gentille ma chérie, ils sont petits, eux.

— Fais plaisir, prête-lui ton jouet.

— C'est bien, tu es raisonnable, toi.

De plus, elle avait eu le modèle de sa propre mère qui avait arrêté de travailler pour élever les enfants. Quand elle avait voulu reprendre, elle était déphasée dans le contexte de travail. D'ailleurs, cela n'aurait pas duré, car, quelques temps après, sa belle-mère gravement malade était venue habiter chez eux. « Elle a consacré sa vie à sa famille » dit Jacqueline. Devinez quel était le métier de cette mère ? Elle était assistante sociale.

Nous pouvons, dans cet exemple, voir combien les croyances de Jacqueline sont actives, et combien elles limitent ses actions d'aujourd'hui. En fait tout se passe, comme si c'était l'ex-enfant et non pas la grande personne adulte qui décide.

Qu'est-ce qui freine nos choix dans la vie ? Souvent c'est par la maintenance des croyances, mises en place dans le passé, que surgissent les difficultés du présent.

L'analyse transactionnelle, par son concept de scénario, nous permet de comprendre comment nous nous sommes mis dans des ornières existentielles et pourquoi nous avons du mal à en sortir. Le scénario psychologique ressemble de manière frappante à une pièce de théâtre. La particularité est que nous sommes à la fois : auteur, acteur, interprète et metteur en scène de l'histoire de notre vie.

Pour Eric Berne, créateur de l'Analyse transactionnelle, le scénario est « un plan de vie mis en place dans la petite enfance (avant six ans) sous l'influence parentale et qui dirige le comportement de l'individu, dans les aspects les plus importants de sa vie ».

Vu l'état d'immaturité et de fragilité avec lequel nous entrons dans la vie, nous sommes dépendants de nos parents, de notre entourage ; nous sommes soumis à de nombreuses influences éducatives.

Le bébé qui vient de naître est d'abord sous des influences non verbales. Il ne comprend pas ce qui lui est dit mais il est sensible à l'atmosphère qui règne autour de lui.

Il se sent bien et il est souriant s'il est dans les bras d'une maman calme, sereine. Il se sent mal et parfois pleure s'il est dans les bras d'une maman inquiète, stressée, angoissée. Il capte les tensions et risque de les vivre comme des messages négatifs à son encontre, car, il ne peut pas faire la différence entre:

- Maman est stressée et angoissée, car elle se serait bien passée de lui.

et

- Maman est stressée et angoissée, car elle est menacée de licenciement dans son entreprise.

En grandissant, l'enfant devient capable de comprendre ce qui lui est dit. Il reçoit alors des messages verbaux qui sont sensés l'éduquer, le faire grandir, le socialiser.

La plupart du temps, ces prescriptions sont faites par les parents, les éducateurs, avec les meilleurs sentiments et les plus louables intentions mais là encore, elles ne sont pas toujours bien comprises par la petite personne.

Voici quelques exemples de messages scénariques.

Dans le désir d'encourager son enfant, le parent peut dire:

«Allez vas-y, essaye encore, il faut continuer, tu ne les as pas tous empilés les cubes. C'est bien, au moins, tu as essayé».

L'enfant peut croire, que pour être reconnu de ce parent, il lui faut faire des efforts. Il intègre dans ce cas le message contraignant: FAIS UN EFFORT.

Ainsi plus tard il se contentera d'essayer, il commencera une activité, un projet mais il n'arrivera pas au bout.

Dans le désir de socialiser l'enfant, les parents peuvent dire :

« C'est bien, tu fais plaisir à maman, tu as rangé ta chambre.

— Quand tu es sage, papa t'aime ».

L'enfant risque alors de comprendre, que pour être aimé des autres, il faut leur faire plaisir. Il aura dans ce cas intégré le message contraignant : FAIS PLAISIR.

Ainsi devenu adulte, quand le conjoint rentrera du bureau démoralisé, triste, cet adulte fera tout pour lui faire plaisir. Mais cela ne suffira pas à redonner gaieté à la personne.

Dans le désir de faire grandir l'enfant le parent peut dire : *«Arrête de pleurer, il n'y a que les petits qui pleurent. Tu ne deviendras jamais un homme, si tu pleures comme les filles ».*

Il intègre dans ce cas le message contraignant : SOIS FORT.

Ainsi devenu adulte, cet homme sera comme insensible. Il sera coupé de ses émotions et dans la pire des épreuves, n'aura même pas une larme.

Dans le désir de faire réussir l'enfant, quand celui-ci rentre avec un quinze au devoir de français, le parent peut dire : *«Oui, c'est pas mal, mais je suis sûr que tu aurais pu faire mieux ».*

— Tu es premier ! Oui, mais la performance n'est pas fameuse, le niveau de la classe est très bas».

L'enfant peut croire que pour avoir de la valeur il faut être parfait.

Il intègre dans ce cas le message contraignant : SOIS PARFAIT.

Ainsi devenu adulte, la personne sera toujours insatisfaite de ce qu'elle a fait ; elle se jugera trop sévèrement ; elle ne verra que ce qui n'est pas bien ; elle aura peur du jugement des autres.

Dans le désir de faire optimiser son temps, à l'enfant le parent peut dire :

«Dépêche-toi, le temps perdu ne se rattrape pas. Pense à tout ce que tu dois faire. Tu n'auras jamais fini en temps voulu».

L'enfant peut croire que pour être estimé, il faut se dépêcher, faire vite.

Il aura dans ce cas intégré le message contraignant : DÉPÊCHE-TOI.

Devenu adulte, il risque d'être sans cesse en train de courir, et malgré tout, d'être toujours en retard.

La même petite personne est soumise aux influences de plusieurs personnages parentaux, elle est de ce fait marquée par plusieurs de ces messages contraignants. Comme l'éponge, trempée dans un liquide, prend la couleur du liquide, l'enfant dans son milieu familial va s'imprégner des modèles. Il intègre un programme d'attitudes, sans le décider, sans le vouloir, et sans véritablement en être conscient.

Toutes ces influences, verbales, non verbales, plus ou moins voulues, plus ou moins conscientes, constituent des « matériaux» que l'enfant a, à sa disposition pour bâtir l'histoire de son avenir. Devant la quantité d'informations et de stimulations, et face, parfois, aux contradictions qu'elles font émerger, l'enfant va y mettre un peu d'ordre.

Avec sa compréhension limitée d'enfant de cinq ou six ans, il construit les grandes lignes de son scénario, autour des croyances et des décisions de vie qu'il prend.

Voici comment Liliane a écrit son histoire de vie.

Sa maman disait souvent:

«Depuis que la petite est née, je suis toujours malade; avant j'étais en bonne santé».

Liliane a un petit frère qui a deux ans de moins qu'elle. Enfant, il a toujours été très turbulent.

La maman lui disait encore:

«Toi, au moins sois raisonnable, tu es grande, cède lui. Si tu lui prêtes tes jouets, il ne pleurera pas».

La reproduction de ces situations et la répétition des prescriptions éducatives ont incité Liliane à croire que les autres sont plus importants qu'elle, qu'il faut les prendre en charge, qu'il faut leur faire plaisir. (Fais Plaisir)

Son papa lui disait :

« Je ne supporte pas les gens qui ont toujours mal quelque part, je n'aime pas les gens qui se plaignent toujours. Les gens qui pleurnichent, je les laisse de côté».

Le papa, par ses remarques, donne à Liliane des informations qu'elle interprète, comme une invitation à être forte (Sois Forte). Liliane est devenue infirmière. Elle se souvient de l'avoir décidé, avant même d'entrer à l'école. Aujourd'hui, elle comprend, que c'était sa manière d'enfant, d'obéir à son père et à sa mère.

L'analyse du scénario permet de répondre aux questions :

- Pourquoi est-ce que j'agis, comme je le fais ?
- Comment suis-je devenu la personne que je suis ?

Nos difficultés viennent des décisions de vie prises très tôt dans l'enfance qui continuent à guider notre vie d'adulte, sans que nous songions à les remettre en cause. Nous ne voyons pas que ces décisions de survie, adaptées au contexte de la petite enfance ne le sont plus dans la réalité de notre monde aujourd'hui.

Mais la bonne nouvelle est, qu'étant auteur de notre scénario, nous pouvons avec notre conscience d'adulte redécider et aujourd'hui, nous pouvons mettre en place des croyances positives. Nous sommes donc libres de rester attachés, aliénés à ces vieilles décisions ou d'en élaborer de nouvelles pour changer ce qui ne nous va pas. Et pour conduire notre vie avec satisfaction nous pouvons nous aider de sept principes essentiels.

□

1 Accepter la responsabilité de notre vie

Nous sommes responsables de notre propre vie. Nous sommes responsables de ce qui nous arrive de positif ou de négatif. Nous ne sommes pas fautifs.

Attention ! Ce mot est souvent mal compris, nous vous le proposons au sens littéral. Etre responsable: c'est être habilité à répondre, c'est être porteur de réponses.

Etre responsable permet d'avoir du pouvoir. C'est reconnaître, qu'il est, qu'il a été de notre pouvoir, de comprendre les événements de telle ou telle manière.

Se réapproprier sa responsabilité, c'est donc se réattribuer son propre pouvoir, sa propre liberté. L'analyse transactionnelle par le concept d'un scénario nous permet de comprendre et de redonner une juste place à l'éducation, au rôle des parents et à l'impact de leurs influences.

Au travers de notre éducation, par nos parents, par nos éducateurs, par les personnes affectivement importantes pour nous, nous avons reçu des prescriptions éducatives. Mais ces prescriptions ont seulement constitué la matière pour nos propres décisions.

Les parents de Marc et Stéphane ont été très soucieux de stimuler leurs enfants pour qu'ils soient travailleurs, sérieux et qu'ils réussissent leur vie.

Tout au long de leur enfance, de leur scolarité, ils ont l'un et l'autre régulièrement entendu : *« Pour y arriver dans la vie, il faut bien travailler à l'école. Il faut faire des efforts. Il faut persévérer. Sans diplôme, on arrive à rien. Regarde celui-ci, comme il a bien réussi, et regarde celui là, comme il n'a rien fait de bon »*.

Baigné régulièrement dans ces propos, Marc a choisi d'adhérer, de faire siennes les croyances et valeurs familiales, pour devenir un cardiologue de renommée régionale.

Trempé dans le même discours, Stéphane n'a pas épousé la philosophie de ses proches. Il a opté pour le théâtre, « les planches ». Dès 16 ans, il a mis un terme à sa scolarité et il a commencé une vie de saltimbanque. Aujourd'hui, il est heureux de sa vie d'incertitude, d'errance, de poésie et d'aventures riches, bien que, ses parents aient du mal à croire qu'il soit heureux.

Les mêmes prescriptions étaient faites à Marc et Stéphane. Chacun s'en est servi pour établir son propre chemin ; toutefois, ces deux chemins sont bien différents.

Avec des éléments identiques ils n'ont pas écrit le même scénario.

Le scénario est donc l'histoire écrite par la personne elle-même.

Cela constitue les croyances et les décisions à partir desquelles elle va organiser sa vie.

Si les croyances, les décisions sont limitantes et négatives pour la vie actuelle de la personne elle peut les changer.

Quand Louisa était enfant, sa maman qui devait s'occuper des deux petits frères et du grand-père malade, lui disait fréquemment: *«Tiens-toi tranquille, sois sage, maman a mal à la tête quand tu l'ennuies»*.

Louisa en avait déduit, que c'était elle qui était responsable des migraines de sa mère, que c'était elle qui rendait sa mère malade.

Ainsi dans sa vie d'adulte, elle ressentait beaucoup d'inconfort et de culpabilité quand quelqu'un de son entourage était souffrant, et elle cherchait ce qu'elle pourrait bien faire pour que l'autre guérisse.

C'est en acceptant d'être impuissante au bonheur des autres, en faisant la différence, entre sa mère et elle, en parlant des sentiments réels qu'elle éprouvait pour sa mère, qu'elle a pu se libérer de sa culpabilité.

C'est de la responsabilité de Jacqueline (cf.: exemple de notre introduction) de croire que pour être estimée, il faut faire plaisir. En acceptant sa responsabilité de s'être soumise, pendant 38 ans à ce message, elle a découvert qu'elle pouvait être estimée en agissant différemment ; qu'elle pouvait dire non, s'affirmer, s'occuper d'elle tout en étant appréciée. Elle a pu « redécider » pour sortir des limites se son scénario et s'ouvrir à la croissance.

C'est en acceptant nos responsabilités que nous retrouvons notre pouvoir sinon nous sommes impuissants et dépendants des événements.

Nous avons décidé. Nous pouvons redécider. « Au lieu de vous plaindre de vos anciennes décisions. Changez-les » : disait E.Berne.

Etre responsable de sa propre vie, c'est se considérer comme la personne la mieux placée, pour décider de ce que nous souhaitons en faire et ne pas nous laisser conduire par les autres. C'est tenir les rênes de sa vie.

C'est savoir utiliser le pronom « je », pour être entendu, pour avoir sa place, pour pouvoir être présent et reconnu légitimement.

Cela nous permet de comprendre que la responsabilité est la clé de l'autonomie.

EXERCICE 1

Retrouvez tout votre pouvoir, Repérez votre responsabilité

Repérez une situation dans laquelle vous êtes en conflit avec une personne.

❶ *Refaites-vous le film de cette histoire en vous remémorant les faits tels qu'ils se sont succédés.*

❷ *Quels ont été vos sentiments successifs ?*

❸ *Qu'avez-vous fait ? Comment avez-vous agi pour vous ? Comment avez-vous agi à l'égard de l'autre ?*

❹ *Repérez le moment où vous avez pris conscience d'être dans une situation problématique.*

- Qu'avez-vous senti à ce moment là ?
- Qu'avez-vous pensé à ce moment là ?
- Qu'avez-vous fait à ce moment là ?

❺ *Imaginez que vous avez une machine à remonter le temps. Revenez au moment où vous avez pris conscience du problème.*

- Qu'est-ce que vous pourriez faire pour agir différemment ?
- Qu'est-ce qui vous permettrait de dénouer le problème ou de diminuer les difficultés ?

Même dans la pire des situations nous avons du pouvoir :

Celui de tirer enseignement de toute situation.

Il n'y a pas d'**ÉCHEC**,
il n'y a que de l'**EXPÉRIENCE**.

2 Prendre en compte nos besoins psychologiques de manière satisfaisante

Notre bien-être est conditionné par la manière dont nous répondons à nos besoins psychologiques. Nous avons besoin d'être rassuré, d'aimer et d'être aimé, d'être reconnu, de nous affirmer, de nous réaliser...

« L'homme ne se nourrit pas que de pain » : disait Gandhi. Ceci est inhérent à la nature humaine. Le mieux est de l'accepter et d'agir en conséquence. C'est tellement important, que, même lorsque nous voulons nous occuper des autres, il est nécessaire de s'être préalablement occupé de soi. La maman qui allaite son bébé a le souci de son propre état de santé, avant celui de son enfant, et ainsi, elle donne un lait riche qui fait grandir harmonieusement l'enfant.

Hélas, nous ne savons pas toujours nous situer dans cette logique positive qui consiste à savoir bien s'occuper de soi, pour pouvoir offrir réellement aux autres, un accompagnement, une aide et un soutien efficace.

Conduire sa vie avec satisfaction en nourrissant nos besoins psychologiques[1] c'est :

- *Accepter notre dépendance à notre nature humaine.* Nier nos besoins psychologiques serait aussi aberrant que de nier notre besoin de manger, de boire, de dormir… C'est suicidaire.
- *Répondre à nos besoins tant que notre vie durera.* Que nous soyons enfant, adulte, personne âgée, nos besoins psychologiques sont identiques. C'est seulement la manière d'y répondre qui évolue.
- *Identifier nos vrais besoins.* C'est repérer les différents besoins et y apporter la réponse qui amènera bien-être et satisfaction.
- *Reconnaître notre impossibilité à nous débrouiller tout seul.* Autrui a une partie de la réponse à nos besoins.
- *Expérimenter la satisfaction.* C'est reconnaître, sentir, profiter du plaisir consécutif au besoin satisfait.

Accepter la dépendance à notre nature humaine

Soyons humbles devant elle. On ne maîtrise la nature qu'en tenant compte de toutes ses règles.

Je suis grande, adulte, mature et j'ai besoin d'être rassuré. Je suis inquiet, j'ai le droit de l'exprimer et d'obtenir de la réassurance. C'est seulement ainsi que je me sentirai bien.

---

[1] *Etre autonome*, S. Mortera et O. Nunge, Ed. Jouvence, 1998

Tout être humain a besoin de sécurité, d'amour, d'appartenance, de considération, de reconnaissance, de valorisation et de réalisation.

Tout être humain a aussi besoin de donner sens à sa vie.

Accepter d'avoir des besoins et les prendre en compte, c'est adopter la meilleure stratégie pour réussir ; comme le ferait le plus habile des alpinistes qui adaptera sa technique, son équipement, à la nature du terrain, aux conditions météorologiques, et aux contingences qui lui échappent, pour accomplir l'exploit qu'il s'est fixé.

Répondre à nos besoins notre vie durant

Les besoins ne disparaissent pas avec l'âge, comme le croyait Patrick. Aîné de la famille, il avait souvent entendu son père lui dire quand il grimpait sur ses genoux pour avoir un câlin comme ses deux petits frère et sœur : *«Allons ne fais pas le bébé; tu es un homme toi».*

Ainsi, Patrick avait cru longtemps, qu'il n'y avait que les petits, les enfants, qui avaient besoin de tendresse et, qu'être grand, c'était pouvoir s'en passer.

Dans ce cas, la maladie, l'accident permettent de s'accorder inconsciemment le droit de répondre aux besoins négligés.

« J'avais trop de travail pour m'arrêter, mais ma chute dans l'escalier m'y a bien obligée » reconnaît Sandrine qui ne savait pas qu'elle aussi avait besoin de repos, de détente, de distraction.

Nos besoins psychologiques se feront sentir toute notre vie. Nous devrons les nourrir régulièrement. La réponse satisfaisante évolue en fonction de l'âge et des situations. On ne nourrit pas de la même manière un bébé, un adolescent, un homme adulte, une personne âgée. Mais que ce soit à l'état de bébé, de grande personne ou de vieillard, l'individu a besoin de manger plusieurs fois par jour.

Le processus de satisfaction des besoins psychologiques est métaphorique du processus de satisfaction des besoins physiologiques.

La bonne manière de manifester de l'amour n'est pas la même à l'égard du bébé, de la personne adulte, du vieillard, mais le besoin d'être aimé demeure et il est indispensable d'y répondre.

Identifier nos vrais besoins

Jeanine travaille dans un service où l'ambiance est mauvaise ; les personnes ne s'apprécient pas, Jeanine fait son travail dans son coin, en espérant éviter ainsi, les critiques et les médisances des autres. Pourtant, cette stratégie n'est pas toujours efficace et elle reçoit de temps à autre, elle aussi, des reproches et elle est victime de calomnies. « Et, c'est toujours quand je ne me sens pas bien que je ne peux plus résister à l'attrait du chocolat ou des petits gâteaux » nous confie-t-elle.

Jeanine se sent mal, mais elle ne reconnaît pas son vrai besoin : besoin d'être aimée, appréciée, besoin d'avoir quelqu'un à qui se confier.

Cette méconnaissance l'amène à manger ce qu'elle aime, au lieu, de répondre à son besoin d'être aimée. Elle se trompe de besoin. Dans sa réponse elle se trompe de corps. Elle nourrit son corps physique au risque d'augmenter son embonpoint, alors que c'est son corps psychique qui réclame de l'attention et de l'affection.

Au niveau psychologique, inconsciemment bien sûr, les personnes obèses utilisent leur « graisse », pour se protéger d'un entourage hostile, vécu comme dangereux. La suralimentation peut devenir un véritable mécanisme d'autodestruction. En fait, la personne est privée de nourriture psychologique ; elle n'a pas de signes de reconnaissance, de marques d'affection de son entourage. Pour compenser elle mange. De ce fait, elle grossit, s'enlaidit, se rend moins susceptible d'être aimée, et donc, encore plus privée d'amour ; d'où la compulsion à manger. C'est parfois un véritable cercle vicieux qui l'amène à se détester elle-même.

L'amalgame amour/nourriture a parfois été prescrit involontairement très tôt dans la vie de la petite personne par des expériences répétées du style : *« Une cuillère pour maman, une pour papa, une pour mamie… »*.

Afin de ne pas rester attachée à ce schéma scénarique, la personne peut apprendre à nourrir son besoin d'amour, en sortant de sa solitude, en créant des relations avec des personnes bienveillantes pour elle et en apprenant aussi à se faire respecter par les gens mal intentionnés.

Reconnaître notre impossibilité à nous débrouiller tout seul

Eliane est une personne courageuse. Elle travaille beaucoup pour que son entreprise tourne bien. Elle élève seule ses trois enfants. Ses amis apprennent souvent ses ennuis quand elle en est sortie et parfois par des tiers.

Elle s'est cassé une jambe. Elle est restée immobilisée deux jours, puis elle a pris ses béquilles pour poursuivre sa vie comme si rien n'était arrivé.

Toutefois conduire sa voiture s'est avéré un problème. Empêchée dans son attitude volontariste, elle devient amère à propos de l'indifférence et l'égoïsme des gens. Personne ne lui a proposé ses services. Condamnée à rester chez elle, son humeur s'est dégradée et de tension en conflit elle est arrivée à un accrochage verbal avec l'une de ses filles, qui se termine par:

«De toute façon, toi, tu es toujours plus forte que tout le monde; tu ne comptes que sur toi, alors ne te plains pas d'être obligée de te débrouiller toute seule!».

Eliane dit un peu plus tard que cette phrase de sa fille lui a permis de prendre conscience: qu'elle ne demandait jamais, que pour elle il ne fallait pas demander, que c'était aux autres de comprendre. Au lieu de demander l'aide dont elle avait besoin, elle revendiquait.

Etre autonome, c'est savoir demander directement l'aide dont nous avons besoin. Demander ne signifie pas revendiquer, mais ce n'est pas non plus être passif et attendre.

Violaine s'était inscrite à un groupe pour y partager des activités de loisirs car elle n'avait pas d'amis, elle ne connaissait personne et restait isolée dans son appartement. Elle a participé à trois rencontres. Les relations avec les personnes du groupe ont été bonnes. Bien que peu expansive, Violaine avait su trouver une place et être appréciée par les autres. Elle n'est pas venue à la séance suivante. Les participants ont regretté son absence et par la suite plusieurs personnes lui ont téléphoné pour avoir de ses nouvelles ; d'autres lui ont envoyé un petit mot pour lui signifier le manque que le groupe avait ressenti du fait de son absence.

Elle est venue à la sortie suivante, remerciant chacun de ses intentions. Sans doute stimulée par ces signes de reconnaissance elle a été active, participante et créative.

La séance suivante elle était absente à nouveau. Encore une fois, elle a reçu du courrier et des coups de téléphone et, ainsi, elle est revenue.

Mais, devant la répétition de son comportement, les participants se sont lassés et ne lui ont plus ni écrit, ni téléphoné. Par sa passivité et malgré les sollicitations de ses amis, Violaine a fini par se faire abandonner. Pire, elle s'est abandonnée elle-même, par son refus de reconnaître et de demander directement la considération dont elle avait besoin.

Expérimenter la satisfaction

Cette mère de famille fait « tout » pour ses enfants et aussi pour son mari.

« Je suis à la maison, je ne travaille pas. Je peux bien faire ça » dit-elle.

Mais, parfois elle trouve qu'ils exagèrent un peu, quand : « celui-ci voulait mettre le pullover qui n'a pas encore fini de sécher, celui-là rechigne à manger sous prétexte qu'on lui a servi la même chose à la cantine à midi ».

Elle leur promet alors de nouvelles recettes, de faire mieux pour le linge, et parfois elle culpabilise de ne pas leur faire plaisir. Bien que : *« Ils me remercient à peine de ce que je fais pour eux »* avoue t-elle.

En fait, cette maman cultive de l'insatisfaction pour elle et pour son entourage.

Elle confond la satisfaction des besoins avec la réponse aux exigences de ses proches.

Gérer ses besoins, c'est aussi poser ses propres limites pour éviter de se laisser tyranniser par les autres.

Nous avons des besoins ; ces besoins sont multiples. Nous devons nourrir chacun d'eux sans nous méprendre, même si parfois, ils paraissent contradictoires.

Brigitte dit : « Quand j'ai passé ma semaine, seule à l'atelier, devant mes machines, je suis contente d'inviter des amis à la maison le week-end. Mais souvent, il me tarde de les voir partir. Et, quand j'écourte les activités du dimanche après-midi pour qu'ils repartent tôt, mon mari me reproche de ne pas savoir ce que je veux. C'est vrai que j'argumente sur la semaine qui arrive et que je dois préparer, mais je sens bien que c'est un prétexte».

Brigitte ne sait pas qu'elle a un besoin de contacts, d'appartenance, de relations mais aussi un besoin de retrait, de solitude. Ces deux besoins se complètent, s'ajoutent; ils ne s'excluent pas l'un l'autre.

Le samedi, quand les invités arrivent, toute à la joie de ces visites, elle met les petits plats dans les grands, elle est à leurs petits soins. Ce qu'elle ignore là, c'est qu'en faisant trop, elle s'épuise et en plus elle risque de générer de l'insatisfaction chez les invités. En faire trop est parfois gênant. Ou bien au contraire elle peut favoriser une situation où les personnes «sans gêne» vont l'envahir.

Ce qui est utile, c'est de reconnaître les limites, la bonne dose, qui permettront de rester dans l'équilibre, la satisfaction des besoins des uns et des autres et donc le bien-être pour tous.

L'être humain a des besoins psychologiques, affectifs, spirituels, comme il a des besoins physiques, physiologiques il se doit d'y répondre de la manière la plus adéquate, pour ainsi développer tout son être et se réaliser pleinement.

Exercice 2

Apprenez à nourrir vos besoins psychologiques de manière satisfaisante

❶ *Repérez une période de votre vie où vous vous sentiez bien. Remémorez-vous ce qu'il se passait.*

- Qu'est-ce qui faisait que vous vous sentiez en sécurité ?
- Avec qui et comment entreteniez-vous de bonnes relations ?
- De qui aviez-vous de la considération, de la reconnaissance ? Des autres ? De vous-même ?
- Que faisiez-vous qui vous permette de vous épanouir, de vous sentir valorisé(e) ?

❷ *Repérez une période de votre vie où vous ne vous sentiez pas bien. Remémorez-vous ce qu'il se passait.*

- Qu'est-ce qui pouvait générer pour vous de l'insécurité ?
- Viviez-vous des relations insatisfaisantes ?
- Avec qui ? En quoi étaient-elles insatisfaisantes ?
- Etiez-vous suffisamment reconnu(e), considéré(e) ? Quels étaient les signes de reconnaissance que vous receviez et qui ne vous convenaient pas ?
- Que faisiez-vous : quel travail, quelles tâches étaient insatisfaisantes pour vous ?
- Qu'auriez-vous aimé faire d'autre qui soit plus valorisant ?

❸ *Etablissez un rapport entre les réponses faites au premièrement et les réponses faites au deuxièmement.*

- Quelles observations, quelles remarques faites-vous ?
- Quel enseignement en tirez-vous ?
- Qu'est-ce que vous pouvez changer pour vous sentir mieux plus souvent ?

3 Vivre des relations saines

Nous sommes des êtres de relation. Nous ne pouvons pas nous passer des autres. Hors de la relation il n'y a pas de vie.

Si personne ne s'occupait de nous à notre naissance, notre vie serait de courte durée ; c'est par la relation que nous nourrissons notre être. L'autre est le miroir qui nous permet de prendre conscience de notre existence. Ceci est tellement vrai qu'il vaut mieux un miroir déformant que pas de miroir du tout.

Si nous pensons à Victor de l'Aveyron, l'enfant sauvage recueilli par des loups, nous voyons que sa croissance passe par l'identification à l'image. Il se comporte comme les animaux avec lesquels il vit puisque c'est le seul miroir qu'il ait.

Robert était un enfant plutôt petit et gros pour son âge, et les cours d'éducation physique étaient des moments difficiles pour lui. Il était le dernier à la course, il ne savait pas sauter... Le professeur, les autres le traitaient de « pataud ». Il a aujourd'hui une trentaine d'années, mesure 1,80 m, pèse 85 kg.

Lors d'une rencontre inter-entreprises, il décline une invitation à participer à un moment récréatif avec un ballon sous prétexte qu'il est fâché avec les ballons, que le sport c'est pas son « truc », qu'il est trop « pataud » pour ça.

Ce n'est pas l'adulte qui parle mais l'ex-enfant qui se croit encore comme les autres l'ont vu.

Les personnes qui sont autour et qui ont du mal à le reconnaître dans ses propos insistent, le stimulent sans parvenir à l'entraîner dans leur jeu. Resté sur le bord avec deux autres personnes, il leur confie que cela lui plairait bien de s'amuser comme les autres, mais qu'il ne peut vraiment pas.

Robert s'est enfermé dans les signes de reconnaissance qu'il a reçus de son entourage quand il était enfant. Il a confondu ce qu'il avait du mal à faire avec ce qu'il était et il s'est ainsi condamné à rester en échec. En se croyant incapable de réussite au plan sportif, il se prive définitivement de toute tentative; il confond ce qu'il est avec ce qu'il fait.

Combien se croient nuls en mathématiques ou en géographie car ils ont toujours eu des mauvaises notes dans cette matière ? Comment l'intelligence et les capacités d'une personne pourraient-elles se mettre en vacances ainsi pour une matière ? Dans ce cas, l'intelligence de la personne est utilisée pour confirmer la vision que l'autre a de lui. L'élève qui a été catalogué de « nul » dans telle matière réagira plus ou moins consciemment : « Puisque je suis nul, ce n'est pas la peine que j'étudie »; et il confirmera une croyance négative.

Nos relations sont utiles, puisqu'elles nous procurent les signes de reconnaissances indispensables à la vie. Sans relation, sans signe de reconnaissance, l'individu ne peut survivre. Cela est tellement vrai qu'il vaut mieux de mauvaises relations que pas de relations du tout, des signes de reconnaissances porteurs de souffrance que pas de signes de reconnaissance du tout. Ceci nous permet de comprendre les relations de maltraitance. Si le seul mode de relation avec le parent a été celui des coups, l'enfant les accepte ; il se résigne, car il n'a pas idée que cela puisse être autrement.

Souvent la maltraitance est méconnue car l'enfant ne se plaint pas ; psychologiquement et affectivement il est incapable de se plaindre. Ce n'est pas pour cela, qu'il faut croire que le maltraité aime les coups ou prend plaisir à être battu. Il est fréquent aussi que l'enfant maltraité, devenu parent, devienne lui-même maltraitant de ses propres enfants. Tout se passe comme si le lien, l'attachement ne savait se dire qu'au travers de la maltraitance.

Les relations sont l'occasion d'échanger ses signes de reconnaissance. Il existe quatre types signes de reconnaissance.

Ils peuvent être : positifs, négatifs, conditionnels, inconditionnels (voir tableau à la page suivante).

Les relations épanouissantes sont celles qui fournissent des signes de reconnaissance constructifs : ce sont les signes de reconnaissance des cadrans ①, ② et ③.

	Positif	Négatif
Inconditionnel (être)	① **Exemples:** Je t'apprécie. Tu es intelligent. Tu es une personne de confiance. Tu es une excellente cuisinière.	④ **Exemples:** Je ne t'aime pas. Tu es bête. Tu es nul. Tu es un bon à rien.
Conditionnel (faire)	② **Exemples:** Tu as fait un excellent travail. Ton dessin est magnifique. Ton gâteau est délicieux.	③ **Exemples:** Tu as fait un mauvais devoir. Ton texte est banal et tu as fait 8 fautes. La conclusion de ce rapport est sans intérêt.

Les signes de reconnaissance du cadran ④ sont destructeurs pour celui qui les reçoit, pour celui qui les donne et pour la relation.

Le professeur qui dirait à un élève « tu es un paresseux et un bon à rien... refais ce travail », serait dans une triple erreur :

- en donnant prescription d'échec à l'élève ;
- en se condamnant à échouer dans sa mission d'enseignant ;
- en mettant en péril la relation, car il y a fort à parier que l'élève rejette tout à la fois, la matière et l'enseignant.

Pour entretenir des relations saines :

- échangeons des signes de reconnaissance positifs conditionnels et inconditionnels. Apprenons à protéger ce qui va bien. Osons donner des encouragements, des félicitations, des compliments ;
- échangeons des signes de reconnaissance négatifs mais uniquement des conditionnels. Apprenons à exprimer ce qui ne va pas, ce qui n'est pas bien, ce qui est faux. Osons dire : « Ce que tu as fait là, ne va pas. C'est une erreur. Tu as fait un mauvais devoir et comme je te crois capable de le faire bien j'exige que tu recommences ».

Un jugement sévère sur un fait, sur un comportement, peut être approprié, un jugement de valeur sur la personne est toujours à proscrire.

Hélas, nous n'avons pas toujours été bien nourris dans nos relations et donc ne savons pas toujours bien faire. Toutefois aujourd'hui nous pouvons décider de bien nourrir nos relations. Regardons les autres différemment et regardons-nous différemment. Mettons-nous devant d'autres miroirs et nous pourrons construire des croyances positives.

Quatre clés nous ouvrent au « bonheur » dans nos relations aux autres :

- Recevoir ;
- Donner ;
- Demander ;
- Refuser.

RECEVOIR, c'est accepter d'accueillir ce qui est donné de positif. C'est entendre les bonnes choses qui nous sont dites et nous en souvenir.

DONNER, c'est enrichir l'autre, sans s'appauvrir soi-même. Si je donne 10 Frs, j'ai 10 Frs en moins. Mais, si je donne un encouragement, je ne perds rien, au contraire.

DEMANDER, c'est témoigner de nos capacités d'autonomie. La personne dépendante au lieu de demander se plaint, proteste, revendique.

Demander, c'est oser dire : « J'ai besoin de ceci, est-ce que tu veux bien me le donner… ? ». sans avoir peur du refus ou d'être rejeté.

REFUSER, c'est poser ses limites, c'est se respecter et se faire respecter. C'est ne pas accepter de jugement de valeur sur soi. C'est dire « stop », « non », sans rejeter la personne, ni casser la relation.

A ces quatre règles, rajoutons une cinquième qui permet d'ancrer la confiance en soi : **Se donner à soi même.**

C'est savoir s'appuyer sur ses réussites, ses expériences positives.

C'est se remémorer un souvenir heureux dans un moment de doute, pour pouvoir mobiliser toutes ses ressources et pouvoir faire face aux difficultés présentes.

Pour vivre des relations saines appliquons **trois** grandes règles d'hygiène relationnelle.

1) Echanger du positif

Les signes de reconnaissance positifs que nous échangeons sont à la relation ce que les bûches sont au feu de cheminée : source de chaleur et de bien-être.

Les signes de reconnaissance positifs permettent de construire la relation.

Hélas, pour notre malheur, nous avons parfois, tendance à croire que : « Quand tout va bien, je n'ai rien à dire ».

Echanger du positif :

- C'est donner généreusement des stimulations positives sincères ;
- C'est recevoir simplement les stimulations positives, qui nous sont destinées, au lieu de les ignorer ou de les balayer comme si elles n'avaient pas d'importance.

Exemple :

Stimulation positive : — « Tu as une belle robe, elle te va très bien.

Expression du non recevoir : — Oh ! Je l'ai achetée en solde ».

2) Echanger des signes de reconnaissance conditionnels négatifs

Pour qu'une relation reste saine, authentique, il est nécessaire de partager ce qui est insatisfaisant, ce qui est ressenti comme négatif.

Dans la forme, il est important que l'expression soit constructive.

Exemple : « Selon moi, la conclusion de ton exposé est insuffisante. Elle est trop courte, elle n'apporte rien de plus à ton travail ».

Ce signe de reconnaissance conditionnel négatif sera d'autant plus constructif qu'il peut s'accompagner d'une suggestion.

« A mon avis, la conclusion gagnerait en intérêt, si tu y rappelais les idées essentielles, si tu y évoquais de nouvelles hypothèses pour la suite de cette recherche ».

Donner et recevoir des stimulations conditionnelles négatives authentifie une relation sincère et fiable.

3) Refuser d'échanger des signes de reconnaissance inconditionnels négatifs

- C'est refuser les jugements de valeur sur soi. C'est poser ses limites, c'est se respecter et se faire respecter.
  Marcel a fait un travail qui s'avère insatisfaisant.
  Son patron lui dit: «Marcel, tu es un incapable et un fumiste».
  La meilleure attitude de Marcel serait de refuser en disant: «Je n'accepte pas ce que vous me dites».
  Il pourrait, pour favoriser la relation, demander: «Dites-moi les erreurs que j'ai faites, expliquez moi ce qui ne vous convient pas».
- C'est se refuser le droit de porter un jugement de valeur sur l'autre.
- C'est apprendre à dire ce qui ne nous convient pas et à suggérer des options différentes.

Avoir des relations saines avec les autres suppose que nous ayons des relations saines à nous-mêmes.

Cela commence par avoir un regard positif et bienveillant sur soi-même.

«Cette acceptation de soi en profondeur est au cœur même de l'ouverture à l'autre. Combien de femmes et d'hommes sont obsédés par leurs défauts physiques, s'interdisent une rencontre au nom de ses défauts... Quelqu'un qui s'accepte est toujours reçu comme beau et agréable par l'autre».[1]

---

[1] *La brûlante lumière de l'amour*, Paule Salomon, Edition Albin Michel

Exercice 3

Faites le point sur vos relations et améliorez-les

Imaginez un soleil dont vous êtes le centre. Au bout de chaque rayon inscrivez les personnes avec qui vous êtes en relation.

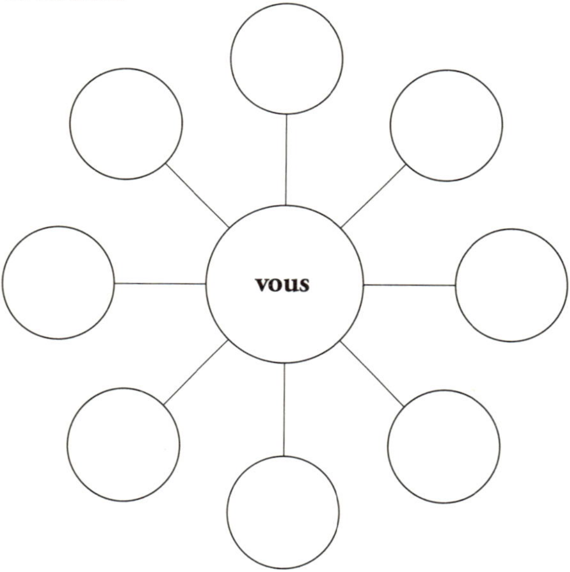

Surlignez en bleu la relation (le rayon) que vous considérez positive.

Surlignez en rouge la relation que vous considérez négative.

Surlignez en vert la relation qui présente des aspects positifs et aussi des aspects négatifs.

Quelle couleur domine ?

C'est le bleu ! Bravo.

Quelle que soit la couleur dominante vous pouvez améliorer vos relations. Appliquez la politique des petits pas. Mettez en place des changements d'attitudes dans vos relations.

De rouge elles deviendront vertes, de vertes elles deviendront bleues. Pour cela nous vous renvoyons au principe trois : **vivre des relations saines.**

Pour améliorer vos relations (selon le cas).

- *Dites le positif : ce qui va bien :*
  J'apprécie......, Je suis content(e)......,
  Je te remercie de......, Je t'aime......

- *Dites le négatif, ce qui ne vous va pas (sans rejeter la personne, sans casser la relation).* Pour que cela aille bien (mieux) entre nous j'ai besoin de dire... (ce qui ne vous va pas).

- *Posez vos limites. Refusez ce qui est inconditionnellement négatif.* Je n'accepte pas que tu (vous) parles sur moi ainsi, dis-moi ce qui ne te convient pas...

- *Demandez directement du positif.* C'est demander aux personnes fiables les encouragements nécessaires pour pouvoir mobiliser toute son énergie et réussir même des choses difficiles.

4 Etre en contact avec nos sensations

Nous sommes des êtres sensibles, ouverts et conscients par nos sens.

Vivre c'est sentir. L'enfant qui naît EST ce qu'il SENT.

Quand l'être humain grandit il devient aussi capable de penser et il est alors stimulé dans ses capacités de raisonnement.

Hélas, dans notre culture la pensée étant survalorisée par rapport aux sensations et aux sentiments l'être humain se trouve coupé du fondement de son être. Renouer avec ce que nous sommes réellement, consiste à nous réouvrir aux sensations.

« Ecoute ton corps, ton plus grand ami sur la terre »[1] et « il te permettra de savoir qui tu es » ? [2]

Nous entrons dans une authentique conscience de notre vie autour des deux pôles que sont le plaisir et la souffrance, le senti agréable et le senti désagréable. Les sensations sont à l'être humain, ce

---

1 *Ecoute ton corps, ton plus grand ami sur la terre*, Lise Bourbeau, Editions E.T.C. INC.

2 *Qui es-tu ?*, Lise Bourbeau, Editions E.T.C. INC.

que sont les voyants lumineux du tableau de bord au conducteur automobile. Ce sont des indicateurs pour conduire sa vie en sécurité et confort.

« L'homme ne sera heureux et en sécurité que lorsque son cœur ressentira plus vite que son mental ne pense ». (Sri Chinmoy)

Nos sensations de plaisir ou d'inconfort éprouvées dans notre corps sont d'inépuisables sources d'informations. Nous vivons coupés de notre corps, coupés des principes même de la vie.

« Il est mort parce qu'il a oublié de respirer ». Cette conclusion à une blague douteuse nous amène toutefois à quelque chose d'essentiel :

Vivre c'est avant tout respirer. Pourtant, même cette réalité physique a parfois été affectée par des contraintes éducatives, car notre éducation tend à valoriser l'esprit au détriment du corps.

«Arrête de souffler comme ça !
Ferme ta bouche. Respire par le nez.
Ne fais pas de bruit avec ta bouche… ».

Ainsi, souvent, nous réduisons nos capacités à respirer et ainsi nous nous limitons dans notre sensation de vie. *« Il y a une différence considérable entre respirer de manière automatique et respirer consciemment. Dès que quelqu'un accepte cette idée que respirer consciemment ne serait ce que quelques minutes par jour est une hygiène de soi, il commence aussi à se transformer »*[3]

[3] *La brûlante lumière de l'amour»*, Paule Salomon, Editions Albin Michel

Chacun d'entre nous est unique car différent de son voisin par sa perception spécifique des choses. Etre en contact avec nos sensations c'est être relié à l'essence même de notre être. C'est être dans la réponse à la question : Qui suis-je ?

Nous sommes tous des êtres humains, conditionnés par les mêmes besoins mais nous sommes tous des êtres uniques par la richesse de nos sens. Mal compris, au quotidien, cela se traduit souvent par des désaccords, des malentendus et même des conflits. Chacun cherche à avoir raison, chacun croit qu'il s'agit de tort ou de raison. Là, le problème est insoluble car mal posé. Ce n'est pas de raison dont il s'agit, mais de perception.

Le petit Thierry invité au goûter d'anniversaire d'un petit copain refuse de manger la gelée de groseilles en disant : « C'est pas bon les groseilles.

— En as-tu mangé ?

— Non, maman a dit que c'est pas bon ».

L'enfant raisonne en se fondant sur la perception de sa mère. Il pense donc que la gelée de groseilles n'est pas bonne.

Poussé par la maîtresse de maison, et surtout, intrigué par l'enthousiasme des copains devant la gelée de groseilles, Thierry s'aventure à y tremper la langue... Ici, il entre en contact avec ses sensations, qui sont probablement agréables car il mange sa part et se ressert une deuxième fois. En écoutant ses sensations, Thierry s'ouvre des chemins qu'il s'était interdits. « Les sens conduisent au sens et à l'essence »[4]

Dans son livre *La brûlante lumière de l'amour* Paule Salomon dit :

« J'ai créé un séminaire qui s'intitule "Carpe Diem". Il porte sur les cinq sens et, comme il dure cinq jours chaque jour est consacré à l'exploration d'un sens. Il s'agit d'ouvrir son attention de manière beaucoup plus poussée sur l'odeur, le son, le toucher, le goût, la vue. De jour en jour la capacité à ressentir augmente. Les visages changent, s'ouvrent, la respiration s'intensifie, la joie de vivre monte ».

Par quoi, ou par qui, laissons nous guider nos choix ? Par nos sensations réelles, ou bien par celles que nous avons adoptées des autres ? De quoi nous privons-nous ? Est-ce nécessaire de continuer ?

Réfléchissons à la situation de Martine :

Martine souffre d'isolement ; elle ne sort pas, elle a peu d'amies, elle ne partage pas d'activités sociales ou collectives et cette solitude commence à lui peser.

Elle a du mal à nouer des relations, à aller vers les autres, à entretenir des liens. Elle souhaite sortir de cet isolement, mais elle n'y parvient pas. Il n'y a qu'avec un bouquin qu'elle se sent bien.

---

4 *A corps et à cris*, Jacques Salomé, Cassette audio, Sonothèque-Média

En expliquant cela, elle réalise qu'elle est comme sa mère. Martine prend conscience que, autrefois, quand les frères et sœurs partaient jouer dehors avec les copains et copines elle était trop petite pour être laissée en garde aux plus grands et la maman la gardait avec elle, prétextant que: « Les autres sont turbulents, toi tu es une fillette calme, paisible et tu seras plus tranquille avec maman et tes jolis livres ».

Martine, dernière enfant de la famille, a été très choyée et est restée très proche de sa mère, bibliothécaire, passionnée de livres.

Ainsi cette enfant avait pu s'ouvrir aux plaisirs des livres, de la solitude... mais en même temps elle avait cru que la compagnie des autres n'était pas bonne. Il y avait une confusion dans les sentiments de cette maman et ceux de la petite Martine, car lorsqu'elle passait de longs moments à la bibliothèque avec sa mère, c'était surtout la maman qui était tranquille.

Martine a aujourd'hui besoin d'explorer des chemins qu'elle ne connaît pas.

C'est en acceptant de sentir la solitude qui est la sienne que Martine peut reconnaître son besoin d'être avec les autres et qu'elle ose aller vers eux.

Si elle avait continué à nier ce sentiment, il est possible que son corps, fidèlement, aurait tenté de crier plus fort avec ses « maux »[5] à lui, ce qui était bon et nécessaire pour elle.

---

[5] *A corps et à cris*, Jacques Salomé, Cassette audio, Sonothèque-Média

Martine au cours d'une discussion avait dit : « Je crois que j'ai trop lu. Par moments, je ne peux plus lire, je n'y vois plus, ma vue se brouille ».

Heureusement elle s'était entendue et au-delà des « mots » elle avait donné sens aux « maux », retrouvant ainsi son aptitude à gérer sa vie.

En tant qu'être humain nous participons tous à l'humaine condition et en même temps chacun de nous est différent de son voisin, nous ne sommes pas clonés. A ce titre là, nous avons des particularismes et nous pourrions reprendre le fameux dicton « les goûts et les couleurs, ça ne se discute pas ».

Etre soi c'est être attentif à :

- ce que nous sentons ;
- ce que nous percevons ;
- ce que nous désirons.

Etre soi c'est distinguer ce que nous sentons de ce que nous pensons.

Bien des fois ces niveaux sont confondus.

— « J'ai froid.

— Mais ce n'est pas possible, il fait 22° dans cette pièce ».

Si la personne ne repère pas le décalage de la réponse, il se peut qu'elle ignore sa sensation de froid, qu'elle ne se couvre pas, qu'elle méconnaisse son état fébrile.

La confusion entre sentir et penser est parfois la cause de blocages ou de problèmes.

Franck témoigne de sa divergence de point de vue avec son épouse, quant à la manière d'éduquer les enfants: «*Après mes journées de travail, quand je rentre à la maison, mes jeunes enfants sont parfois sur le point d'aller se coucher. Ils prétextent mon arrivée pour m'accaparer, pour jouer, pour me montrer ou me raconter des choses. Je profite d'eux à ce moment là. Mais leur mère me reproche de les perturber, de les exciter alors qu'il est l'heure de les calmer. Ils ont du mal à trouver le sommeil, mais eux ils sont contents.*

— Et vous que sentez-vous?

— *Je pense qu'elle a raison. Il faut qu'ils dorment sinon le matin, c'est dur de se réveiller.*

En confondant ce qu'il sent et ce qu'il pense, Franck ne sait pas se positionner avec sa femme. Il ne sait pas reconnaître son besoin de relations avec ses enfants. Il reste insatisfait, il nie son envie de jouer un moment avec eux. Il est frustré et amer à l'égard de sa femme qui a bien le temps de profiter de ses petits dans la journée.

Ne pas avoir conscience de ce que nous sentons constitue un appauvrissement de notre personnalité. La personne est parfois soumise à des conflits internes qui peuvent se traduire par des somatisations. C'est dans tous les cas une amputation des possibilités de vivre heureux. Une personne qui devient consciente peut agir de façon à se retrouver et à enrichir sa personnalité.

Exercice 4

Ouvrez-vous à vos sens Soyez plus conscients de ce que vous vivez

❶ *Quelle importance accordez-vous à votre corps ? Comment vivez-vous avec lui ?*

- L'écoutez-vous quand il vous fait mal ?
- L'écoutez-vous quand il vous donne du plaisir ?
- Etes-vous plus sensible au confort, à l'inconfort ? Prenez-vous soin de votre santé ou attendez-vous d'être malade pour vous faire soigner ?

❷ *Affinez vos sens, ouvrez-vous à la vie.*

- *Repérez autour de vous quelque chose que vous trouvez agréable, esthétique :* un objet, un tableau, un lieu, un paysage… Regardez cela, laissez vos yeux se remplir de toute cette beauté. Vous pouvez amplifier cette situtation amplifiant votre respiration (inspiration et expiration).
- *Entendez une musique que vous aimez.* Ecoutez-la, laissez-la raisonner en vous, en respirant profondèment, laissez cette harmonie gagner tout votre être.
- *Humez un parfum, une fleur, une odeur qui vous est agréable.* Inspirez profondément, laissez vos narines se dilater pour profiter pleinement de cette senteur.
- *Choisissez un objet, dont le contact vous est agréable.* Caressez-le, fermez les yeux et décou-

vrez tactilement tous les aspects de cet objet. Vous pouvez faire cet exercice comme une ouverture à vous-même en découvrant votre peau. Vous pouvez le faire dans un exercice de contact avec une autre personne.

- *Mettez dans votre bouche un mets, une friandise, quelque chose que vous aimez.* Laissez votre palais et toutes les papilles de votre langue s'imprégner de toute cette saveur. Prolongez la conscience de ce goût dans notre bouche après avoir avalé.

Vous pouvez faire ces petits exercices comme des entraînements méthodiques. Nous vous suggérons de les intégrer rapidement et facilement en profitant de ce que votre quotidien vous offre. Vous êtes en voiture, vous faites de la route certes mais vous pouvez également profiter de ce magnifique paysage en vous imprégnant de sa beauté.

Au détour de la rue une merveilleuse odeur, respirez plus fort…

«Mon corps est comme un temple vivant. Cette prise de conscience se vit par couches successives de plus en plus profondes. Accepter son corps, honorer son corps, c'est aussi accepter son incarnation, accepter le processus paradoxal de vie et de mort, l'entropie, la dégradation de l'âge. Ecouter aussi, laisser parler l'intuition du vivant et le servir au mieux». (Paule Salomon)

---

[3] *La brûlante lumière de l'amour*», Paule Salomon, Editions Albin Michel

5 Prendre en compte nos sentiments

Vie et mouvement sont indissociables. Le présent est fonction du passé et l'avenir sera fonction du présent.

Ces trois temps passé, présent, avenir participent au même mouvement, ils sont à la fois indissociables et bien différenciés. Nous sommes encore là en train d'enfoncer une porte ouverte. Pourtant il nous arrive de mal nous situer dans le temps.

L'enfant à qui le parent dit : *« Tu as intérêt à faire attention pour ton interrogation demain, tu sais que tu te trompes toujours dans tes calculs »*, reçoit un message, pour lequel nous présupposons de bons sentiments, mais qui risque d'être négatif, pour les résultats à venir.

Il est évident que, pour que cet enfant réussisse son devoir de mathématiques, il est important qu'il n'oublie pas les erreurs faites la semaine passée. Mais il est aussi important qu'il croit en une expérience différente demain et qu'il puisse s'imaginer avec une bonne note. C'est ce qui lui permettra sans doute d'avoir de l'ardeur à ses révisions aujourd'hui. Il est préférable de lui dire : « Certes tu as raté la dernière fois mais la prochaine fois tu peux rattraper ta moyenne. Alors, maintenant, étudies bien».

Conduire sa vie c'est comme conduire sa voiture ou ses skis sur la neige. C'est regarder plus loin que le bout de son ski, anticiper le virage à prendre, pour s'y préparer et le réussir. C'est conduire en ne niant pas le passé, (c'est l'œil sur le rétroviseur), mais en se programmant dans une vision positive, sinon les skis resteront au râtelier et la voiture au garage. Toute l'énergie serait au service de l'échec.

Bien resituer ces trois moments, c'est avoir l'énergie disponible pour des actions efficaces.

C'est savoir reconnaître et vivre le sentiment authentique au lieu de rester coincé dans le sentiment racket.[1]

L'enfant joue avec son ballon de baudruche et en le laissant traîner près d'un arbre, le ballon éclate. L'enfant se met à pleurer, car il n'a plus son ballon ; la mère désolée, ne sachant comment consoler l'enfant lui dit : *«Tiens regarde, on va la casser cette vilaine branche qui a crevé ton ballon»*.

L'enfant dans sa tristesse, avec ses pleurs, est dans le sentiment authentique : il est triste de ne plus avoir son ballon. Or, la maman en l'invitant à exprimer de la colère, l'entraîne dans un comportement racket, c'est-à-dire inadapté pour résoudre le chagrin de l'enfant.

---

[1] *Gérer ses émotions*, O. Nunge et S. Mortera, Sonothèque Média, Editions Jouvence

L'enfant va peut-être s'arrêter de pleurer, il risque de comprendre que pleurer et être triste ça ne se fait pas, qu'au lieu de cela il vaut mieux crier, taper. Il deviendra peut-être plus tard un adolescent, un adulte qui crie, se met en colère chaque fois qu'il perd quelque chose, qu'il doit renoncer et il vivra des colères stériles.

Ceci est regrettable car en fait la colère a une fonction bien particulière: celle de faire changer, c'est-à-dire d'intervenir pour modifier le présent.

La mère de famille en grondant l'enfant quand il rentre dans la salle à manger avec les chaussures couvertes de boue agit pour que l'enfant quitte immédiatement ses chaussures.

La colère est appropriée, juste et sera sans doute efficace.

La tristesse est l'émotion en rapport avec le passé. Elle traduit qu'il n'y a plus rien à changer, il y a seulement à faire le deuil de ce qui ne sera plus. Le ballon crevé ne sera plus (cf. exemple précèdent). Laisser vider la tristesse permettra de faire le deuil du ballon perdu et éventuellement de pouvoir en accepter un autre qui le remplace valablement.

Si nous sommes confus dans nos émotions, c'est que nous ne savons pas restituer les sentiments en rapport avec les faits ou les situations.

La colère porte sur le présent, la tristesse sur le passé, la peur sur le futur.

La peur prévient d'un danger. Elle est utile, puisqu'en ayant conscience de cette peur, nous pouvons mettre en place une protection et éviter le danger. « J'ai eu peur du camion, j'ai ralenti et ainsi évité l'accident. Ma peur m'a permis d'anticiper positivement sur l'avenir».

Conduisons-nous, en conscience de ce qui se passe au présent, en nous souvenant du passé, et en regardant l'avenir que nous voulons atteindre.

«Vivre c'est avoir des émotions, c'est sentir les « flux d'énergie» dans notre organisme pour qu'il puisse fonctionner naturellement. Bloquer nos émotions, c'est bloquer ce flux au risque de nous entraîner dans la survie, voir même dans la mort»[2].

Une émotion est un cadeau de la nature, puisqu'elle met à notre disposition l'énergie, le carburant pour conduire notre vie avec satisfaction.

Les émotions qui sont au nombre de quatre – la colère, la peur, la tristesse, la joie – sont à notre corps psychique ce que les organes – foie, reins, cœur, poumons – sont à notre corps physique.

En prolongeant cette métaphore nous dirons : chaque émotion a une fonction bien spécifique qui contribue à notre équilibre affectif, comme chaque organe a une mission physiologique bien particulière et ainsi contribue à notre état de santé général.

---

[1] *Gérer ses émotions*, O. Nunge et S. Mortera, Sonothèque Média, Editions Jouvence

Dans leurs fonctions authentiques:

La colère sert à faire changer et permet de modifier ce qui ne nous convient pas.

La peur prévient d'un danger et permet de se protéger.

La tristesse permet d'accepter l'inchangeable et de faire le deuil de ce que nous avons perdu.

La joie permet de se sentir bien, d'avoir des ressources et de l'énergie à partager.

Le fait d'éprouver pour certaines de ces émotions des sensations négatives est parfois confondu avec le fait qu'elles seraient négatives. Elles sont toutes positives et utiles pour une saine gestion de notre vie. Si nous ne les avons pas bien apprises, redécouvrons-les.

Colette travaille dans une entreprise avec quatre collègues qui ont les mêmes fonctions et le même statut qu'elle. Elle se plaint d'être toujours reléguée à la dernière place, de toujours passer après. Elle se résigne à cet état de fait, en pensant que c'est comme ça, qu'il n'y a rien à faire.

Colette, dernière d'une fratrie de cinq enfants, avait été élevée par une maman qui veillait à ce que chacun ait sa place, qu'il n'y ait pas de disputes. En étant surprotégée, Colette n'a pas appris à faire valoir ses droits, à montrer sa colère. Afin de sortir de cet état de démission, elle a dû découvrir que la colère a du bon, que montrer son agressivité ne signifie pas être méchante.

Si nous confondons, si nous mélangeons les émotions nous ressentons alors des sentiments trafiqués : regret, remord, honte, dégoût, culpabilité...

« Dans ses vieux jours, ma mère avait été hospitalisée, car son état de santé nécessitait une prise en charge médicale importante, ainsi je passais tous mes dimanches à son chevet ; mes sœurs n'en faisaient pas autant. Un jour, invitée au baptême du bébé de ma meilleure amie qui avait insisté pour que je sois là, je faillis à mes obligations.

La journée s'était bien passée, je repartais de chez mon amie, et c'est là qu'en descendant l'escalier, je me tordis la cheville, dégringolai jusqu'en bas et me fracturai le péroné. C'est ainsi que je finis mon dimanche à l'hôpital ».

Véronique nous racontait cela pour nous montrer comment, avec son sentiment de culpabilité, elle s'était « fait arriver cet accident ».

Le sentiment de culpabilité s'accompagne de comportements par lesquels la personne se punit, fait pénitence, se fait payer les moments de plaisir qu'elle s'octroie. La personne agit comme si elle était responsable de ce qui ne lui appartient pas.

Véronique se sentait responsable :

- de ne pas avoir su faire en sorte que sa mère arrête de fumer, elle avait un cancer du poumon ;
- de l'indifférence de ses sœurs à l'égard de leur mère.

Ainsi nous pourrions dire que la culpabilité est une sorte de responsabilité mal placée.

Dans sa démarche pour retrouver son autonomie, Véronique a du désamalgamer :

- sa tristesse de voir sa mère mourir ;
- son amour pour sa maman ;
- sa colère, contre ses sœurs qui lui renvoyaient toutes les obligations familiales.

La saine gestion de nos émotions nous invite à :

- reconnaître l'importance des émotions pour le bon fonctionnement de l'être humain ;
- identifier les émotions et reconnaître celles que nous vivons ;
- utiliser l'énergie positive qu'elles nous offrent ;
- désamalgamer les sentiments (senti qui ment) et identifier les émotions (senti juste).

Les émotions sont au service de notre vie et de notre santé.

Exercice 5

Prenez en compte vos émotions

❶ *Vivre c'est rencontrer des émotions. Gérer sa vie, c'est en fonction des événements éprouver de la peur, de la colère, de la tristesse, de la joie.*

- De ces quatre émotions quelle est celle que vous éprouvez le plus souvent ?
- Quelle est celle que vous n'éprouvez jamais ou très rarement ?

❷ *Repérez pour vous une situation émotionnelle. En vous reportant au tableau vérifiez :*

- Dans cette situation par quelle émotion êtes-vous concerné(e) ?
- Voyez dans la colonne quatre ce qu'il est approprié de faire pour bien la gérer.

Une journée que nous avons perdue est
une journée où nous n'avons pas ri.

EMOTIONS	*Manifestation physique ou comportement*	*Fonctions des émotions*	*Rapport ou temps*	*Attitudes appropriées pour bien les gérer*
PEUR	Inhibition, sentiment de fragilité, impression de froid	Prévient d'un danger	Avenir	Faire ce qui permet de se sentir protégé
COLÈRE	Bouillonnement intérieur Envie d'agresser.	Permet de faire changer une situation	Présent	S'affirmer Poser ses limites
TRISTESSE	Sentiment de vide Manque d'énergie	Permet d'accepter l'inchangeable, la perte	Passé	Faire le deuil de ce qui a été perdu
JOIE	Regain d'énergie	Permet de se ressourcer	Présent	Partager sa joie. Faire la fête

6 Créer des ressources

Nous sommes des êtres dotés de dons: du langage, de l'intelligence, de l'imagination, de sensibilité...

Ce sont des dons générateurs de richesses. Nous avons des ressources humaines. Comment les utilisons-nous ? Est-ce que nous les gérons de manière constructive et saine ou est-ce que nous les gaspillons ?

Monique et Madeleine ont besoin du même jour de congé. Qui assurera le service en leur absence ? Monique se hasarde à penser que l'on pourrait demander à Patricia. Et Madeleine de rajouter:

— Oui, mais elle vient d'assurer deux jours d'astreinte, elle ne voudra pas.

— Alors, peut-être Christiane ?

— Oh ! Non, elle a des problèmes de garde avec son bébé tout jeune.

Elles sont toutes les deux désemparées.

Comme cela, bien souvent, les discussions pour résoudre un problème tournent à une critique négative des arguments avancés et aboutissent à la destruction des idées, l'anéantissement des bonnes volontés et entraînent des comportements de passivité.

Les éléments ne sont pris en compte que pour enlever de la validité à la proposition de l'autre.

Apprenons l'addition et pas seulement la soustraction. Au lieu de rester dans une vision de: « il est plus intelligent que moi » et de voir ce qu'il manque, passons dans une vision élargie. A plusieurs nous sommes plus intelligents.

Au lieu de comparer, ajoutons nos différences et nous créerons: 1 + 1 = 3. Un homme et une femme peuvent faire un enfant.

La gestion des ressources humaines n'obéit pas aux mêmes règles que les mathématiques.

«Si je te donne un franc, si tu me donnes un franc nous avons un franc chacun.

Si je te donne une idée, si tu me donnes une idée, nous avons deux idées chacun.

Si je te dis «je t'aime», si tu me dis «je t'aime», notre relation d'amour se solidifie, se consolide».

Cette richesse est infinie, c'est une source inépuisable. Mais là encore, peut-être, nos expériences enfantines, nous ont laissé croire le contraire.

Eric, 5 ans sollicite sa mère, alors que celle-ci donne le biberon au petit frère. Elle réagit en disant: *«Allons, reste tranquille, tu vois bien que je m'occupe de ton petit frère».*

Eric risque de commencer à croire que, comme sa maman aime énormément ce bébé, elle l'aime d'autant moins à lui. Il deviendra jaloux car il vivra que son frère lui prend l'amour de maman. La disponibilité de la mère a des limites, le bébé prend du temps à cette maman. Mais nous pouvons imaginer que la mère aime autant le grand que le petit et ne les aime pas moins chacun, même s'ils sont deux. Toutefois se fondant seulement sur les faits, Eric peut croire que si son frère reçoit plus, lui aura moins.

Ainsi à 45 ans peut-être ressentira-t-il de la jalousie pour ce voisin qui vient encore de changer de voiture ou de s'acheter un bateau. Comme si le voisin, pour cela, lui avait volé quelque chose !

C'est comme croire que le bonheur est comparable à un gros gâteau qui serait grignoté par les autres. *« Tout ce qu'il mange je ne pourrai l'avoir »*.

Dans cette vision, rechercher son bonheur, c'est comme partir en guerre contre les autres.

Créer les ressources: c'est savoir que l'on s'enrichit en donnant

Donner, c'est mettre des choses à la disposition de l'autre. Donner, c'est offrir sans rien attendre en retour, sans condition. Sinon, il s'agit d'acheter l'autre. L'amour ne se prend pas, il s'offre. On n'achète pas ou on ne vole pas la vie de quelqu'un si on prétend l'aimer.

Hélas, les premières expériences d'amour nous les avons faites dans la famille, avec des parents souvent blessés dans leur besoin légitime d'amour.

Les apprentissages qu'ils nous ont proposés sont parfois synonymes de troc, de chantage, de manipulations, et autres marchandages.

— *«Si tu ne me fais pas un bisou, je ne t'en ferai pas moi non plus»* dit mamie à sa petite fille, fâchée parce qu'elle vient de se faire gronder.

— *«Si tu ne ranges pas tes affaires, si tu n'es pas sage, je ne t'aime plus»*.

— *«Si tu n'arrêtes pas cette musique, je vais avoir mal à la tête, et tu ne voudrais pas me rendre malade»*.

Trouver du bonheur, le construire pour nous et autour de nous, c'est pratiquer le don généreux, celui qui paradoxalement enrichit.

«Pour obtenir l'abondance apprends à donner sans cesse».[1]

Cette amie me fait part d'un problème qu'elle rencontre et sollicite mon opinion. Je peux lui donner mon point de vue, les options que j'imagine au problème et accepter qu'elle ne prenne pas en compte mes conseils, sans dévaloriser les options que je lui ai proposées, sans nourrir de ressentiment à son égard. Ce qu'elle m'a demandé, je le lui ai donné. Ce qu'elle en a fait lui appartient. Ce que j'ai donné ne m'appartient plus et pourtant je reste rempli de ressources semblables.

---

[2] *Qui es-tu ?*, Lise Bourbeau, Editions E.T.C. INC.

Créer des ressources c'est utiliser positivement nos pensées

Au début de la Bible il est dit : *« Tel un homme pense, tel il est »*. Nos pensées ont beaucoup d'importance dans notre vie car nous devenons ce que nous pensons. *« C'est parce que nous ne savions pas que c'était impossible que nous l'avons réalisé »* (Saint Exupéry).

Trop souvent nous utilisons le mécanisme de la pensée à notre détriment. Notre cerveau, tel un ordinateur précis, est programmé avec les mots qui bâtissent nos pensées. Ainsi, soit nous voyons la bouteille à moitié pleine ou à moitié vide, soit nous nous centrons sur ce qu'il nous manque, soit nous nous centrons sur ce que nous avons.

« Nous faisons de la visualisation sans le savoir, comme Monsieur Jourdain quand il faisait de la prose. Malheureusement, nous projetons parfois des films d'échec plutôt que de succès sur le futur et nous obtenons des résultats négatifs ou médiocres alors que raisonnablement ils auraient pu être bons ».[2]

Les richesses sont dans l'esprit ; par nos pensées nous déterminons, nous donnons forme à notre propre destinée. Au lieu d'aborder telle situation difficile en redoutant ce que nous ne voudrions pas, abordons là en restant en contact avec ce que nous voulons, ce que nous désirons.

---

[2] *Visualisation, des images par des actes*, François Paul-Cavallier, Inter Editions.

Au lieu de me dire : « J'ai peur qu'il ne soit pas là, qu'il ne fasse même pas attention à moi », je peux aller à ce rendez-vous, en me sentant heureuse d'aller le retrouver, en pensant que, nous irons probablement déjeuner dans un restaurant sympathique.

Créer des ressources: c'est savoir recadrer les événements

Le gagnant sait ce qu'il fera s'il perd, mais il n'en parle pas. Le perdant ne sait pas ce qu'il fera s'il perd, mais il parle de ce qu'il fera s'il gagne.

L'être humain a du pouvoir, mais il n'est pas tout-puissant. Ainsi nous sommes parfois confrontés à des erreurs, des échecs. Recadrer les événements, nous permet de faire en sorte qu'il n'y ait pas d'échec mais seulement de l'enseignement.

Ceci pose concrètement la question de nos attitudes face à nous-même, face aux autres et face à la vie en général.

Quelle attitude avons-nous devant un problème ?

Deux attitudes sont possibles (voir tableau ci-contre)

ATTITUDE DESTRUCTRICE	ATTITUDE CONSTRUCTIVE
Aborder la situation en : ● se focalisant sur les erreurs, le problème ; ● recherchant les causes ; ● poursuivant le coupable ; ● accusant la personne ; ● punissant le coupable.	Aborder la situation en : ● se focalisant sur les solutions ; ● sollicitant toutes les personnes compétentes ; ● recherchant des options ; ● stimulant la créativité des personnes ; ● catalysant les suggestions.
L'énergie étant ainsi gaspillée, il en restera peu ou pas pour résoudre le problème.	L'énergie est ainsi optimisée pour l'élaboration de la meilleure solution.
	Le problème étant résolu, la question « *Comment éviter que ce problème ne se reproduise* » peut-être envisagée.

Créer des ressources c'est savoir gagner ensemble

C'est savoir coopérer, c'est savoir négocier. C'est savoir, en toute circonstance, trouver un terrain d'entente pour élaborer des solutions satisfaisantes pour les uns et pour les autres.

Ne sachant pas rendre compatibles les besoins de ses enfants, ne sachant pas créer des solutions originales, cette maman décide aujourd'hui d'opter pour l'envie de son fils qui veut aller jouer au jardin public. Elle sacrifie ainsi le désir de sa fille de rester devant la télévision pour voir ses dessins animés préférés. La prochaine fois, elle penchera pour le souhait de sa fille. Ainsi, les enfants apprennent, qu'en situation de divergence, il y en a un qui gagne et l'autre se soumet.

Devenus adultes, ils pourraient reproduire cette situation avec des amis ou dans le couple par exemple.

Monsieur veut aller passer ses vacances dans les Alpes. Madame veut aller au bord de l'océan. Ils risquent, tout d'abord, de tenter une lutte d'influence plus au moins sournoise, pour tenter d'infléchir l'autre. Ils pourront ensuite vivre des vacances gâchées, des vacances de reproches:

«Parce que je ne peux pas aller prendre mes bains de mer». ou selon le cas, *«Parce que je ne peux pas aller faire de l'exercice physique en haute montagne».*

Il y avait pourtant d'autres solutions. Il y avait pourtant moyen d'envisager de satisfaire l'un et l'autre. Au lieu de se positionner dans une énergie de rivalité il fallait envisager une énergie de négociation. Quel est le besoin de celui qui désire aller dans les Alpes ? Quel est le besoin de celui qui désire aller à l'océan ?

Posés ainsi, les besoins réciproques semblent moins incompatibles et pour peu que chacun soit inventif, un lieu de vacances satisfaisant pour les deux pourra être trouvé.

« Les hommes sont par nature ennemis les uns des autres, non parce qu'ils sont méchants, mais parce qu'ils sont rivaux dans la simple effectuation de leur désir ». (Spinoza)

Mettons notre pouvoir au service des solutions, au lieu de l'utiliser à lutter contre les autres. Utilisons le pouvoir « pour » au lieu du pouvoir « sur »[3] et nous parviendrons à la satisfaction de soi, des autres, des groupes.

Ce principe nous permettra en entreprise de développer des stratégies gagnantes par la coopération, la négociation, le partenariat ; seules issues dans un monde économique et social de plus en plus difficile et incertain.

Nous conclurons ce paragraphe par cette belle histoire chinoise d'un auteur inconnu.

---

[3] *Le pouvoir de négocier. S'affronter sans violence*, François Délivré, Inter Editions

«Un mandarin s'enquit du sort réservé aux humains dans l'au-delà. Il arriva tout d'abord en enfer et vit des hommes rassemblés autour d'une table. Chacun tentait vainement de saisir le riz de son bol avec des baguettes de deux mètres de long. Il se rendit alors au paradis où il vit des hommes heureux qui s'étaient placés à deux mètres les uns des autres et se donnaient mutuellement à manger».

Exercice 6

Optimisez vos ressources

1 *Qui êtes-vous ?*

- Brossez votre portrait en listant une douzaine de traits qui vous caractérisent.
  Je suis…

  ____
  ____
  ____
  ____
  ____
  ____
  ____
  ____
  ____
  ____

- Repérez dans ces traits de votre caractère ceux que vous comptez comme des qualités, encadrez-les en vert.

- Repérez ceux que vous considérés comme des défauts et renotez-les ci-dessous.

  ____
  ____
  ____
  ____
  ____
  ____

- Explorez ce défaut et découvrez-lui la ou les qualités correspondantes.
  Exemple : Je considère que je suis timide
  La qualité du défaut c'est : Je suis discrète.
  Je suis réservée.
  Défaut et qualité sont l'envers et l'endroit d'une même pièce. Réappropriez-vous le positif.

2 *Mettez votre énergie sur le positif. Repérez pour vous une situation qui vous pose problème.*

- Quel est le problème que vous rencontrez ?
- Quelle serait la solution à ce problème ? Laissez-vous imaginer le problème résolu.
- Quelle est la situation quand le problème est résolu ?
- Qu'est-ce que vous sentez quand le problème est résolu ?
- Posez la représentation du problème résolu comme un objectif que vous allez atteindre.
- Qu'est-ce que vous allez faire pour atteindre cet objectif (repérez les étapes) ?

Visualisez le succés et il est déjà à portée de votre main.

7 Réaliser les êtres d'esprit que nous sommes

Nous sommes des êtres sociaux. Par les règles, par les valeurs que nous appliquons, que nous respectons, nous manifestons notre reconnaissance dans un groupe, notre appartenance à une communauté.

Eduquer, c'est former pour faire entrer dans un ordre social, une famille, une institution, une société. Eduquer : c'est inculquer des valeurs.

Mais que faisons-nous de nos propres valeurs, de celles qui nous ont été imposées ? Les reconnaissons-nous ? Les appliquons-nous inconsciemment ? Comment les vivons-nous ?

Paul, 46 ans, a des revenus honnêtes qui devraient lui permettre de gérer sa vie matérielle. Or, il a cycliquement des problèmes d'argent ; il se reconnaît à la fois capable de thésauriser des sommes relativement conséquentes et de les dépenser sans réfléchir ou même de s'endetter sérieusement. Ceci le met parfois dans des difficultés importantes.

Qu'est-ce que l'argent représente pour lui ? Il est issu par sa mère d'une famille paysanne peu aisée et les grands-parents l'ont souvent mis en garde de ne pas gaspiller, car : « *On ne sait pas ce qu'il peut arriver»* disaient-ils. Il se souvient, qu'à l'âge de six ou sept ans, il a perdu une pièce avec laquelle il devait acheter le pain. Son étourderie lui a valu une sérieuse correction du grand-père qui l'a mis au lit sans manger et il a été obligé de travailler pour rendre ce qu'il avait perdu. «Pour eux l'argent c'était tout» dit-il.

Par ailleurs, il a vu son propre père réussir financièrement, léguer une partie de sa fortune à une deuxième épouse qui l'a ensuite abandonné. Il avait gagné des sommes importantes aux jeux pour finalement mourir sans argent et seul.

Paul a été bercé dans des discours contradictoires et des sollicitations antagonistes concernant l'argent. Alternativement économe ou dépensier, Paul tente de réhabiliter les différentes expériences intégrées face à l'argent, sans se positionner pour lui-même. Il se retrouve dans une impasse. Pour en sortir il a dû prendre conscience du poids de son histoire personnelle. C'est aussi en discernant ce qu'elle avait pour lui de bon, ce qu'elle avait de négatif, qu'il a pu en quelque sorte faire le tri dans son héritage. C'est en pardonnant à ses parents qu'il a pu rester dans un lien positif à chacun d'eux et mettre de la cohérence et de la paix dans son cœur.

«Le pardon amène à suspendre tout jugement sur l'offenseur et à découvrir son vrai soi, créateur et étincelle de divinité». (Joan Borysenko)[1]

---

1 *Comment pardonner*, Jean Monbourquette, Editions Novalis Centurion

La réalisation de l'être profond que nous sommes (réalisation jamais achevée) suppose d'accroître la conscience que nous avons de nous-mêmes, des valeurs qui nous guident pour ensuite les faire vivre, les concrétiser dans les actes de notre vie. C'est donner sens à sa vie, savoir quoi faire de son existence.

Pour bien repérer les valeurs il faut distinguer ce qui est « important » de ce qui est « essentiel »[2]. Ce qui est important, c'est de gagner de l'argent, de pouvoir payer son loyer ou ses impôts, de pouvoir partir en vacances... Ce qui est essentiel : c'est l'homme, sa destinée, la vie, la mort.

Comme nous vivons dans un monde imparfait, peuplé d'êtres imparfaits, le bonheur n'est pas évident, il ne nous est pas donné. Mais nous le portons en nous, il est intérieur. Nous devons donc le construire. Le bonheur n'est pas un bout de jardin (paradis) « il est l'envie de faire un jardin, dans chaque motte de terre que l'on retourne, dans chaque graine que l'on sème, dans chaque pousse qu'on voit lever et croître, dans chaque légume qui naît, dans chaque fleur qui s'épanouit »*

Construire son bonheur, c'est établir sa propre cohérence, c'est se positionner, agir en étant congruent, c'est-à-dire en accord avec ce que nous sentons, ce que nous faisons, ce que nous pensons, ce que nous disons.

---

[2] *Au risque de gagner*, Olivier Lecerf, Editions de Fallois

[3] *Une fenêtre vers le bonheur*, Liah Kraft Pristaine , Ed. Jouvence

Habiter, dynamiser ses propres valeurs au lieu de se soumettre ou se rebeller c'est aussi poser des bases autour desquelles d'autres pourront se retrouver, auxquelles ils pourront apporter leur contribution.

Ce sont les valeurs partagées de solidarité, d'amitié, de plaisir du jeu, goût du challenge qui permettent aux quinze joueurs de l'équipe de rugby d'oublier leurs différends, de créer la cohésion qui leur permet de remporter le trophée.

Je pourrais témoigner dans ma propre histoire d'un conflit de que j'ai eu à résoudre. J'ai été élevée par une mère catholique, fervente pratiquante et par un père, à l'opposé, très virulent et accusateur de tout ce qui concerne la religion. J'ai été confrontée à des opinions contraires, des discours référents à des valeurs différentes. Enfant, je jouais selon mes désirs, mes besoins, en me faisant épauler par papa quand je n'étais pas allée au catéchisme par exemple. Mais d'autre fois je me réfugiais derrière les exigences de maman à l'égard du même catéchisme pour pouvoir retrouver mes copains et mes copines.

Dans cette période, c'était pour moi plutôt confortable et j'exploitais leurs divergences d'opinions. Mais pour rentrer dans mon autonomie d'adulte j'ai rencontré ce conflit : qui a raison ? Papa ? Maman ?

C'est en regardant les valeurs, véhiculées par l'un et par l'autre, que j'ai pu y voir clair et comprendre comment, alors qu'ils avaient de violentes discussions sur le sujet, ils pouvaient continuer à s'estimer et vivre ensemble.

Aux voisins, famille de treize enfants vivants dans la plus grande pauvreté, maman donnait régulièrement une cocotte de soupe, de la nourriture, des vêtements, en disant: « Nous devons être charitables». Papa donnait régulièrement des légumes de son jardin, trouvait un peu de travail au père car: «il faut bien rendre service et être solidaires».

Ainsi, j'ai pu comprendre qu'au-delà de leurs «chapelles», ils avaient des valeurs voisines. J'ai pu laisser se révéler mes valeurs, faire mes choix de vie.

Reconnaissons donc ces étoiles qui nous guident, pour éviter les impasses. Nous initierons des repères autour desquels se retrouveront ceux qui les partagent.

C'est se donner la chance de rencontrer et de bien vivre avec ceux que nous apprécions et qui nous apprécient.

Cela permet de bien vivre avec soi-même. Cela permet aussi d'être plus proches de ceux qui partagent les mêmes valeurs.

Exercice 7

Harmonisez tout votre être

1 *Qu'est-ce qui vous guide ?*

- Quelles valeurs avez-vous concernant la vie, la mort ?
- Quelle place laissez-vous dans votre vie à votre philosophie de vie ?
- Quelle importance accordez-vous à vos idées politiques ?
- Quelle importance accordez-vous à vos idées syndicales ?
- Quelle importance accordez-vous à vos idées religieuses ?
- Quelle importance accordez-vous à vos idées spirituelles ?
- Traduisez-vous vos idées dans des engagements ?

Dialogue entre le pèlerin et le sage.
(Johnny Hart, B.C.)[1]
Le pèlerin : « Quel est le sens profond de la vie ? ».
Le sage : « On naît, on vit et on meurt ».
Le pèlerin : « Vous appelez çà un sens profond ? ».
Le sage : « En fait, l'élaboration du sens se produit surtout pendant l'étape du milieu ».

[1] *Sommes-nous libres de vivre*, Arnold Beisser, Ed. Jouvence

Conclusion

Nous venons d'évoquer les sept principes à prendre en compte pour savoir conduire sa vie avec satisfaction.

Nous avons vu combien nous risquons d'être marqués par notre passé, notre histoire, notre éducation. Bien des choses ont été et sont encore positives. Sachons les reconnaître pour mieux les capitaliser. « *Comptez vos raisons d'être heureux* » nous conseille Dale Carnegie.[1]

Mais il y a eu aussi des événements mal vécus qui nous entravent encore et qui limitent considérablement notre évolution et notre réussite. Acceptons de voir nos difficultés d'aujourd'hui comme des choses normales et nous pourrons en faire des occasions de croissance. « *Une parole qui commence à déranger est une parole que je commence à entendre* » nous dit Lise Bourbeau.

Ce qui ne nous convient pas nous avons du pouvoir pour le changer.

Deux raisons essentielles motivent l'être humain pour le changement : l'inconfort qu'il ressent dans une situation donnée, le désir d'éprouver une situation nouvelle.

---

[1] *Triomphez de vos soucis*, Dale Carnegie, Ed. Flammarion

Désirer c'est déjà avoir parcouru la moitié du chemin.

«Devenir adulte c'est faire en sorte que son bonheur ne dépende pas de quelqu'un d'autre mais de sa propre capacité à se le créer».[2]

Devenir adulte c'est aussi accepter que nous ne puissions pas faire le bonheur des autres ni les faire changer. Nous ne pouvons changer que nous-mêmes.

Quand nous changeons, nous pouvons entraîner un changement chez les autres, mais nous devons commencer par nous-mêmes. Le bonheur est en chacun de nous et c'est en révélant nos richesses humaines que nous ferons un monde meilleur.

Nous souhaitons que ces quelques pages soient pour vous une occasion de vous relier positivement à votre propre histoire afin que les années passées vous laissent de bons souvenirs et que les années à venir vous apportent réussite et sérénité.

---

[2] *Réussir son amour*, H. Hoky et N. Bittmann, Ed. Jouvence

Bibliographie

Analyse transactionnelle et psychothérapie, E. Berne, Edition Payot.

Que dites-vous après avoir dit bonjour, E. Berne, Edition TCHOU.

Ecoute ton corps, L. Bourbeau, Editions E.T.C. Inc.

Qui es-tu ?, L. Bourbeau, Editions E.T.C. Inc.

Triomphez de vos soucis, D. Carnegie, Editions Flammarion.

Le pouvoir de négocier, F. Delivre, Inter Editions.

Au risque de gagner, O. Lecerf, Edition de Fallois.

D'accord avec soi et avec les autres, T. A. Harris, Edition EPI.

Réussir son amour, M. Hoky et N. Bittmann, Editions Jouvence.

Naître gagnant, M. James et D. Jongeward, Inter Editions.

Une fenêtre vers le bonheur, L. Kraft-Kristaine, Editions Jouvence.

Comment pardonner, J. Monbourquette, Edition Novalis Centurion.

Visualisation des images pour des actes, F. Paul-Cavallier, Inter Editions.

La femme solaire, P. Salomon, Edition Albin Michel.
La brûlante lumière de l'amour, P. Salomon, Edition Albin Michel.

Cassette audio

A corps et à cris, J. Salomé, Ed. Sonothèque-Média

Les auteurs

Simonne Mortera

- Maître en sciences sociales, psychothérapeute,
- Formatrice en relations humaines
- Consultante en entreprise

Olivier Nunge

- Psychologue, psychothérapeute
- Formateur en relations humaines
- Consultant en entreprise

Simonne Mortera et **Olivier Nunge** accompagnent des groupes et des personnes et animent de nombreux stages sur la Gestion des ressources humaines: émotions, communication, motivations…

Pour toutes informations,
les contacter auprès de :

Croissance et Formation

Bruncan

31510 Sauveterre de Comminges

Tél. 05 61 95 96 95

Dumas Titoulet Imprimeurs
42000 Saint-Etienne
Dépôt légal : avril 2004
N° d'imprimeur : 40518 B

Imprimé en France